AF277467

¿QUÉ ME ESTÁ PASANDO?

Alex Frith y Micaela Tapsell
Ilustraciones: Sr. Sánchez

Diseño: Neil Francis

Traducción: Gemma Alonso de la Sierra

ASESORAMIENTO EXPERTO:

Laura Clarke, educadora sexual

Dra. Anna Forringer-Beal, investigadora de estudios de género

Dra. Caitríona Cox, médica

SUMARIO

ME HAGO MAYOR

Desde que naciste, has ido creciendo poquito a poco. Sin embargo, llegará un momento en que empezarás a cambiar mucho. En este libro se habla de ese periodo en que dejarás de ser un niño para convertirte en una persona adulta.

Puede que ya hayas notado algunos cambios, aunque igual aún no ha aparecido ninguno.

Estos cambios no se producen en todos los niños a la misma edad y no hay forma de saber cuándo van a comenzar en tu caso. De todos modos, gracias a este libro te harás una idea de lo que te va a pasar.

Esta nueva etapa se llama "pubertad" y es la forma que tiene tu cuerpo de prepararte para la edad adulta. Hay chicos que tienen muchas ganas de hacerse mayores y otros que no tanto. No debes preocuparte; como todos los cambios son tan graduales, tendrás tiempo de ir acostumbrándote.

¿CUÁNDO EMPIEZA LA PUBERTAD?

Los cambios suelen comenzar alrededor de los 12 o 13 años, aunque algunos niños los experimentan antes y otros más tarde. En realidad, te harás mayor cuando tu cuerpo esté listo; ni antes, ni después.

PREPARADO...

En primer lugar, es necesario acumular un poco de grasa. El cuerpo la necesita como reserva energética para sobrellevar los cambios que se avecinan.

Aunque tengáis la misma edad, tus amigos y tú no tenéis por qué crecer al mismo tiempo. Puede que uno se desarrolle por completo antes de que otro experimente los primeros cambios.

El ritmo de crecimiento y desarrollo es algo impredecible, pero tarde o temprano todos atravesamos esta importante fase de cambio. Tengas la edad que tengas, una vez entres en la pubertad, seguirás cambiando hasta que te hagas mayor.

LISTO... ¡YA!

Estos son algunos de los cambios que suelen suceder cuando el cuerpo de un chico empieza a desarrollarse, para que te hagas una idea. Puede que no reconozcas algunas de estas palabras, pero no te preocupes, porque las explicaremos más adelante.

Te sale vello en el pubis.

Te sale vello en las axilas, y puede que también en el pecho y la espalda.

Sudas más.

Los testículos aumentan de tamaño y empiezan a producir espermatozoides.

La voz se te vuelve más grave.

El pene aumenta de tamaño y a veces se pone rígido.

Aumentas de peso al crecer a lo alto y a lo ancho.

El pelo y la piel podrían volverse más grasos.

Desde que suceden los primeros cambios hasta que se termina la pubertad pueden transcurrir unos cuantos años, y después aún seguirás creciendo un poco más. En algún momento de este periodo de tiempo, empezarás a sentirte distinto, pero al final seguirás siendo el mismo de siempre, aunque en versión más adulta.

¿CÓMO EMPIEZA?

Para que la pubertad empiece, tiene que llegar el momento en que el cerebro decida ordenar la producción de un nuevo tipo de hormonas: las sexuales. Sucede así...

UBICACIÓN: HIPOTÁLAMO, CEREBRO

Soy la hormona llamada GnRH. Tengo un mensaje que quiero enviar desde mi parte del cerebro a otra parte.

UBICACIÓN: GLÁNDULA PITUITARIA, CEREBRO

La GnRH dice que hay que producir dos hormonas nuevas: FSH y LH. Mándalas a los testículos.

FÁBRICA TESTICULAR

¡Hola! Dice el cerebro que empecéis a fabricar hormonas sexuales y, ya de paso, también espermatozoides.

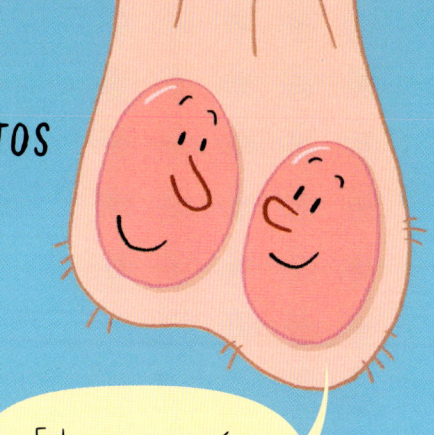

JUNTOS, PERO NO REVUELTOS

Aunque no se siente nada, con la llegada de la pubertad los testículos no paran. A diario tienen que producir millones de espermatozoides y para ello deben estar a una temperatura algo inferior a la corporal; por eso los testículos (vulgarmente llamados "huevos" o "pelotas") cuelgan por fuera del cuerpo.

Estoy un poco más bajo para no chocar contigo. Prefiero evitar el dolor, gracias.

Los testículos también fabrican las hormonas sexuales que dan instrucciones al cuerpo para crecer y desarrollarse. La testosterona desempeña una labor importante en la pubertad, pero hay muchas otras también, como el estrógeno y la progesterona. Todos tenemos estas hormonas, aunque los chicos suelen tener más testosterona.

BATIBURRILLO DE EMOCIONES

Las hormonas son necesarias para que el cuerpo funcione correctamente, pero cuando todas actúan a la vez puedes sentirte abrumado. Tener cambios de humor o sentirte triste o más sensible de lo habitual son cosas normales en la pubertad. En cualquier caso, no desesperes, porque a medida que te hagas mayor, las hormonas se irán equilibrando y, al hacerlo, los altibajos emocionales terminarán.

ALTO Y GRAVE

Cuando notes que la gente empieza a comentar lo mucho que has crecido, es probable que pronto sucedan otros cambios y que comiences a ensancharte también. Aunque haya chicos en los que estos grandes estirones se ven con claridad, no tiene por qué ser así; mucha gente crece poco a poco.

LOS ESTIRONES

Los chicos suelen crecer más rápido alrededor de los 14 años, aunque puede que en tu caso suceda antes o después de esa edad. Algunos siguen creciendo pasados los 20 años.

Si das un estirón con menos edad, lo más probable es que dejes de crecer antes. Si empiezas a crecer más tarde, puedes alcanzar la misma altura que los otros chicos de tu edad o incluso llegar a ser más alto.

Entre los 10 y los 18 años, ganarás peso hasta llegar a veces a duplicarlo: aumentan la grasa, la masa muscular y el tamaño de los huesos y de los órganos.

GALLITOS Y MUSCULITOS

Todos los músculos aumentan de tamaño
durante la pubertad, incluidos los que
forman el corazón y los pulmones.
La laringe, dentro del cuello, también
se agranda y ensancha; por eso
la voz se vuelve más grave
cuando te haces mayor.

A algunos chicos les sobresale
la laringe. Este bulto recibe el nombre
de nuez y suele quedar visible en el cuello.

Nuez

Aunque lleva un tiempo aprender a controlar la laringe mientras
cambia, no te preocupes, porque solo van a pasar dos cosas:

1) a veces, en mitad de una frase, te saldrá un tono chillón
(un gallo). Esto sucede porque aún no estás acostumbrado
al nuevo tamaño de los músculos de la faringe.

2) te cambiará la voz. Lo más probable es que con 16 años
tu voz suene muy diferente a la que tenías con 12. Será
bastante más grave.

¿Qué pasa, tío?
¡Cuánto tiempo!

¿Qué te ha pasado
en la voz? ¡Pareces
tu padre, tío!

PELOS Y MÁS PELOS

Durante la pubertad verás que te sale pelo en zonas donde antes no tenías. Es algo natural que le pasa a todo el mundo.

EN EL PUBIS

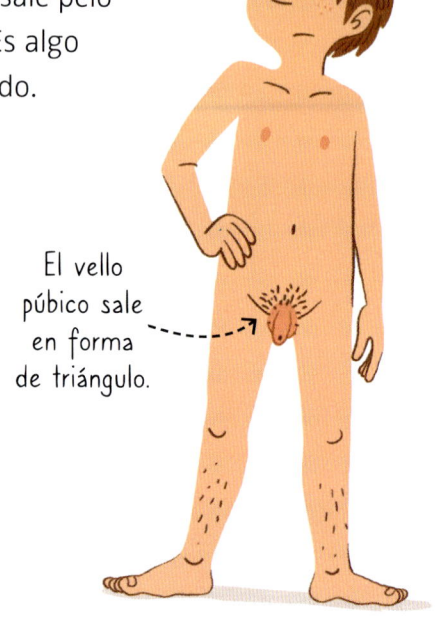

Puede que te salga vello púbico alrededor de los genitales, en la parte baja de la barriga y entre las nalgas. A medida que crezca, se irá rizando y puede que sea de un color distinto al del cabello.

El vello púbico sale en forma de triángulo.

¡Y POR TODAS PARTES!

¿En la espalda también?

Es perfectamente normal que te salga vello algo más grueso en otras partes del cuerpo, como brazos y piernas, pecho, manos y pies. Hay gente que se deja el vello corporal tal cual y otra que se afeita o depila algunas partes, o incluso todo el cuerpo.

Mucha gente se vuelve más peluda con el paso de los años. Puede salir vello en el pecho, los hombros y la espalda, por ejemplo. También hay muchos chicos a quienes les sale poco vello por el cuerpo, o incluso nada. Todo es normal.

EL DESODORANTE

Más o menos un año después de que
te crezca el vello púbico, verás que
te empieza a salir vello también en
las axilas. A estas edades mucha gente
empieza a usar desodorante en barra
o espray para enmascarar el olor.

El vello no hace que huelan las axilas;
lo que sucede es que atrapa el sudor
y, cuando este acaba en la ropa,
empieza a oler mal. Todo el mundo
suda y, en la pubertad, a menudo
más aún de lo habitual. Dúchate
a diario y usa desodorante.

¿DE QUÉ SIRVE EL PELO?

No sabemos a ciencia cierta por qué
nos sale vello en el pubis o las axilas,
aunque es posible que sea para
que atrape el sudor.

Muchos animales se valen
del olor de su sudor para
atraer pareja, aunque
no está demostrado
científicamente que
este sea el caso en
los humanos.

TAMBIÉN EN LA CARA

A los chicos también les sale vello en la cara. Lo primero que suele aparecer es una pelusilla sobre el labio superior: el bozo.

A algunos adultos les sale tanto pelo en la cara que tienen que afeitarse a diario; otros, sin embargo, prefieren dejárselo crecer y darle distintas formas:

Si alguien se deja crecer todo el pelo facial, lleva barba.

El bigote es el pelo que crece entre la nariz y la boca.

El pelo que sale delante de las orejas forma las patillas.

Si se deja crecer el pelo un par de días tras afeitarlo, aparece una especie de sombra.

El pelo de la barbilla recortado para darle forma de triángulo se llama perilla.

Elijas lo que elijas, debes cuidarte la piel. Después del afeitado, por ejemplo, conviene usar algún tipo de hidratación.

¿LA BARBA ES SOLO COSA DE CHICOS?

El vello corporal no está relacionado con ser chico o chica; los seres humanos somos mamíferos, por lo que prácticamente todos tenemos una fina capa de pelo que nos cubre el cuerpo.

En la pubertad, independientemente de tu sexo, observarás que, en algunas partes del cuerpo, ese vello se volverá más largo, grueso y, por lo general, oscuro. A todo el mundo le sale vello en el pubis y las axilas. Y a casi todos les crece pelo más grueso en los brazos, las piernas y el labio superior. A la mayoría de los chicos les empieza a salir pelo en la cara. El afeitado de la cara o el cuerpo es una cuestión personal: tú eliges.

Cabe recalcar que muchos de los cambios de la pubertad se dan igual en las chicas:

Voz más grave

Más altas y anchas

Músculos más desarrollados

Vello púbico

Vello en las axilas

Batiburrillo de hormonas y emociones

Sin embargo, las niñas experimentan otra serie de cambios que no se dan en el cuerpo de los chicos. Te explicamos cuáles son en las páginas 24-29.

LOS GENITALES

Entre los cambios que vas a experimentar como chico, hay uno que seguro que vas a notar: los genitales te van a crecer mucho, aunque de forma gradual. Los órganos sexuales son los que se usan para mantener relaciones sexuales y engendrar hijos. Echémosles un vistazo:

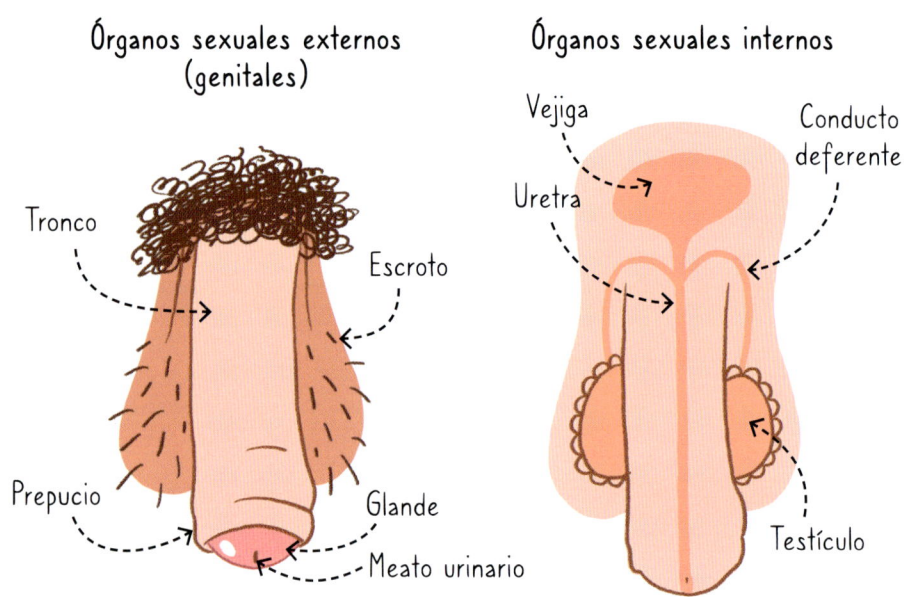

Órganos sexuales externos (genitales)

Tronco
Escroto
Prepucio
Glande
Meato urinario

Órganos sexuales internos

Vejiga
Conducto deferente
Uretra
Testículo

¿QUÉ HA SIDO DE MI PREPUCIO?

Puede que tu pene tenga o no un pliegue de piel que cubre el glande: el llamado prepucio. En ciertas culturas y religiones, es habitual que se quite una parte del prepucio al poco tiempo de nacer un niño, o cuando entra en la pubertad. No tiene mayor importancia tener o no tener prepucio; lo único que sucede es que el pene tiene un aspecto diferente.

Con prepucio

Sin prepucio

¿CUÁNTO ME VA A CRECER?

Es posible que ya hayas comprobado que medir un pene no es nada fácil. Los penes cambian de tamaño constantemente a lo largo del día. Cuando hace frío, los testículos se te suben para conservar el calor, por ejemplo, y la piel que rodea el pene también se encoge a menudo, por lo que parece más pequeño.

Si tienes la barriga grande, puede que parte del pene te quede dentro del cuerpo, en vez de colgando. No significa que sea más pequeño; solo que no se ve por completo cuando está relajado.

Dentro del pene hay un tejido esponjoso que se llena de sangre. Cuando esto sucede, el pene crece en tamaño, se pone duro y apunta hacia fuera o hacia arriba. Esto es lo que se llama tener una erección o, más vulgarmente, empalmarse.

Hay erecciones rectas y otras que se tuercen hacia un lado.

Si tienes prepucio, puede que se eche hacia atrás, o no.

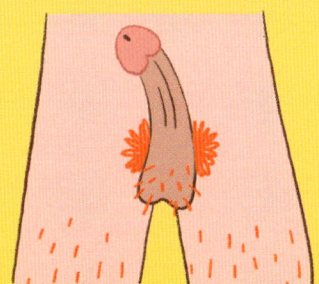

LAS ERECCIONES

Se puede tener una erección en cualquier momento, aunque lo más habitual es que suceda si te tocas o juegas con el pene, algo que suele producir sensaciones placenteras. Puede que lleves tanto tiempo teniendo erecciones que ni recuerdes cuándo empezaron, o que nunca hayas tenido una. Mucha gente no las experimenta hasta la llegada de la pubertad.

¡Esto es nuevo!

Masturbarse, que es como se llama a jugar con tus genitales, es algo muy común y una buena manera de explorar tu cuerpo a solas, en la intimidad de tu habitación. A veces provoca una sensación de placer muy potente que recibe el nombre de orgasmo. Se suele experimentar por primera vez ya entrada la pubertad. Lo más habitual es que el pene expulse una pequeña cantidad (como una cucharadita) de líquido viscoso, el semen, donde están los espermatozoides que se producen en los testículos y otras partes de los órganos sexuales.

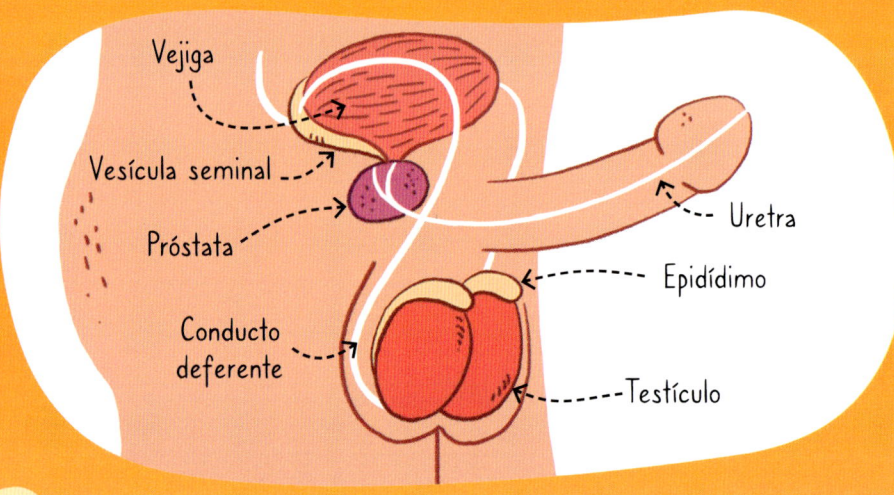

Vejiga

Vesícula seminal

Próstata

Conducto deferente

Uretra

Epidídimo

Testículo

La eyaculación sucede cuando sale el semen. Puede salir en forma de chorro o solo rezumar. Moja, de modo que puedes mancharte la ropa, pero se quita con facilidad. Por lo general, con pasar un poco de papel es suficiente.

Después de eyacular, la erección desaparece rápidamente, y el pene tarda un tiempo en poder erguirse de nuevo. Al rato es posible que quieras ir al baño; es la manera natural que tiene el cuerpo de limpiar el pene por dentro.

La masturbación no es solo cosa de chicos; la gente se masturba independientemente de su género y de los genitales que tenga. Hay quien lo hace todos los días y también quien no lo hace nunca. Aunque no quieras masturbarte ni sientas ganas de hacerlo, es normal explorarse los genitales con las manos. Eso sí: siempre que quieras tocarte los genitales, hazlo en un sitio privado.

A TODAS HORAS

Muchos chicos eyaculan por primera vez mientras duermen. Esta eyaculación se llama polución nocturna y suele suceder hacia el final de un sueño placentero. Hay chicos que las tienen cada noche, mientras que otros solo las experimentan de vez en cuando o nunca. No es necesario que el sueño tenga un contenido sexual; a menudo no es así, y tampoco tienen ningún significado especial.

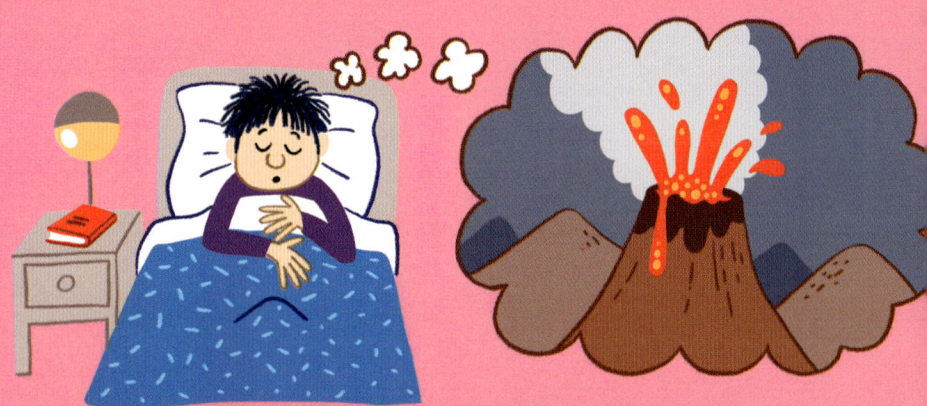

Aunque nunca hayas tenido una polución nocturna, es posible que algunas mañanas te despiertes con una erección. Todo es perfectamente normal. También es muy común en la pubertad tener erecciones sin motivo aparente en cualquier momento del día y sin querer.

Lo normal es que la erección desaparezca en unos minutos, sobre todo si consigues distraerte con otra cosa. Si quieres evitar momentos embarazosos, ten a mano la mochila o el abrigo para taparte y disimular el bulto.

Si estás rodeado de gente y quieres que se te baje la erección, prueba a pensar en cosas muy aburridas; por ejemplo, a recitar en la cabeza la tabla de multiplicar o algo parecido...

$1 \times 7 = 7$ $5 \times 7 = 35$
$2 \times 7 = 14$ $6 \times 7 = 42$
$3 \times 7 = 21$ $7 \times 7 = 49$
$4 \times 7 = 28$ $8 \times 7 = ??$

Los ríos de España son...
Las comunidades autónomas son...

UNO PARA TODO

No te preocupes: no es posible eyacular y orinar a la vez. Por este motivo cuesta tanto hacer pipí cuando tienes una erección, aunque es posible, y una buena manera de hacer que el pene se relaje.

¿QUÉ GÉNERO?

Todo el mundo cambia cuando
crece, pero tu apariencia es solo
una parte del proceso de transformación.
El modo en que te sientes en la cabeza
también es importante y tiene que ver
con el género, que no es lo mismo
que el sexo.

> ¿Quién soy?

LOS GENITALES

El sexo depende de los órganos sexuales
externos con los que naces. La mayoría
de la gente es de sexo femenino (si tiene
vulva) o masculino (si tiene pene). Cuando naciste,
lo más probable es que la persona que asistiera al parto mirase
tus genitales y dijera "es niña" o "es niño", pero eso no es todo.

El género no es lo mismo que el sexo, pues es algo que se siente
y no tiene que ver con qué genitales se nace. Puede que te sientas
niña, o niño, o ambos.

> ¡Es un niño!

También es posible que
lo que sientas cambie
con el tiempo, ya que
el género no es algo fijo
y puede ir cambiando
durante la pubertad,
e incluso más adelante,
a edades adultas.

LAS ETIQUETAS

Hay a quien le resulta útil poner un nombre al modo en que su sexo y género coinciden o no. Si tu género y sexo coinciden, entonces eres *cisgénero*.

¡Yo también!

Nací con pene, así que soy de sexo masculino. Además, me siento niño y, por eso, soy cisgénero.

Si tu género no coincide con los genitales con los que naciste, puede que seas una persona *transgénero* o *no binaria*:

Nací con vulva, de modo que se me considera de sexo femenino, pero no me siento niña. Mi sexo y género no coinciden.

También hay etiquetas para el sexo. Aproximadamente, una de cada cien personas nace con una mezcla de órganos sexuales femeninos y masculinos; son *intersexuales*. Esto normalmente no se percibe a simple vista. Si tienes órganos masculinos por fuera y femeninos por dentro, por ejemplo, puede que no te des cuenta de que eres intersexual hasta que alcances la pubertad. Estas personas suelen empezar la pubertad más tarde y viven unos cambios pero no otros, según las hormonas que produzcan.

LOS ESTEREOTIPOS DE GÉNERO

Muchos adultos tienen ideas fijas sobre lo que diferencia
a las niñas de los niños, como las cosas que deberían gustar
a los niños y no a las niñas, o cómo deberían comportarse.
Son los llamados estereotipos de género y suelen estar
bastante equivocados. Aquí tienes unos cuantos clásicos:

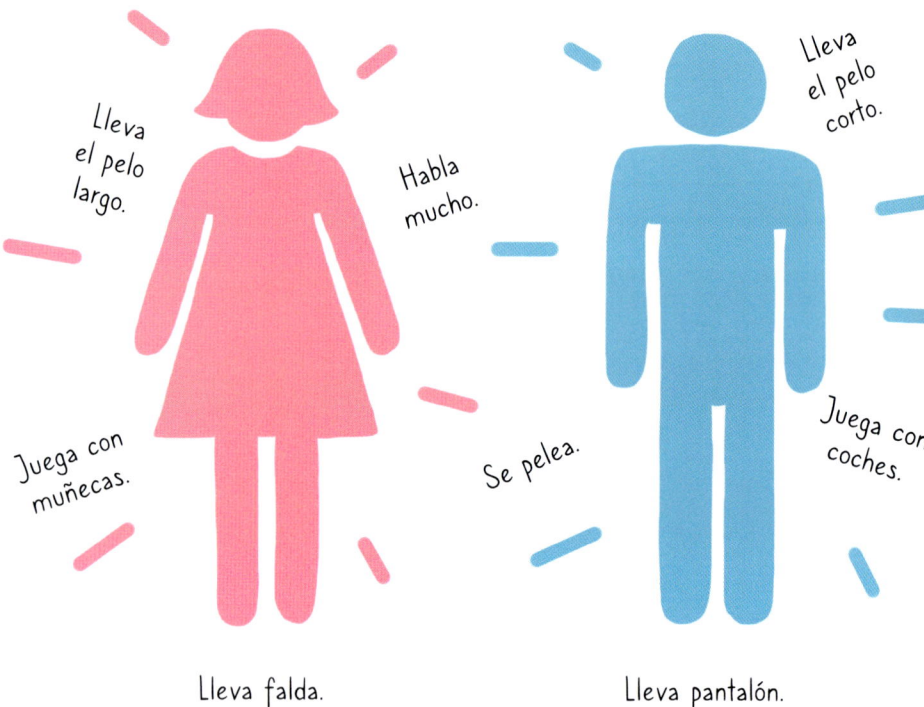

Lleva el pelo largo.

Habla mucho.

Lleva el pelo corto.

Juega con muñecas.

Se pelea.

Juega con coches.

Lleva falda.

Lleva pantalón.

Hay gente que tiene un aspecto y actúa de un modo acorde
con uno de estos dos estereotipos y hay gente que no. Lo más
probable es que algunos de esos estereotipos coincidan con
tu forma de ser, pero muchos otros no, independientemente
de que seas una persona cis, trans o no binaria.

YO SERÉ LO QUE QUIERA

Al hacerte mayor, es posible que sientas cierta presión social o familiar para adoptar comportamientos más adultos. Puede que se espere de ti que te portes o tengas una apariencia más próxima al estereotipo de tu sexo.

No es fácil cuando la gente de tu entorno quiere que te vistas o que te portes de formas contrarias a tu parecer. Lo cierto es que hay tantas maneras de ser chica o chico que sería absurdo asignarles reglas estrictas. Igualmente, si sientes que tu sexo no concuerda con tu género, eres libre de expresar tu identidad de género como te plazca. Tú eres tú; lo demás, sobra.

Me mola el símbolo de mi camiseta; representa a gente intersexual.

Yo no me siento ni chico ni chica.

¡Guay! Yo soy chico.

¿Y LAS CHICAS?

Todo el mundo experimenta cambios durante la pubertad, sea cual sea su sexo o género. Las niñas empiezan a desarrollarse antes y su cuerpo se transforma de maneras muy diferentes al de los chicos. Pese a las diferencias, se tienen en común los vaivenes emocionales, la vergüenza, la ilusión...

LOS GENITALES

Durante la pubertad, en los órganos sexuales externos e internos de las niñas, se producen grandes cambios. Los genitales femeninos externos se llaman *vulva*.

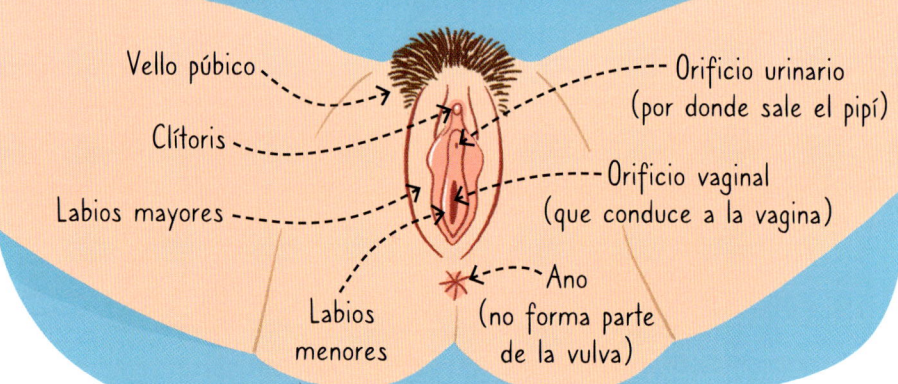

TODAS LAS VULVAS SON NORMALES

Hay vulvas de muy distintas formas y tamaños, lo mismo que los penes. No hay una vulva "ideal". El vello púbico también sale de las formas más diversas. Estos son unos pocos ejemplos:

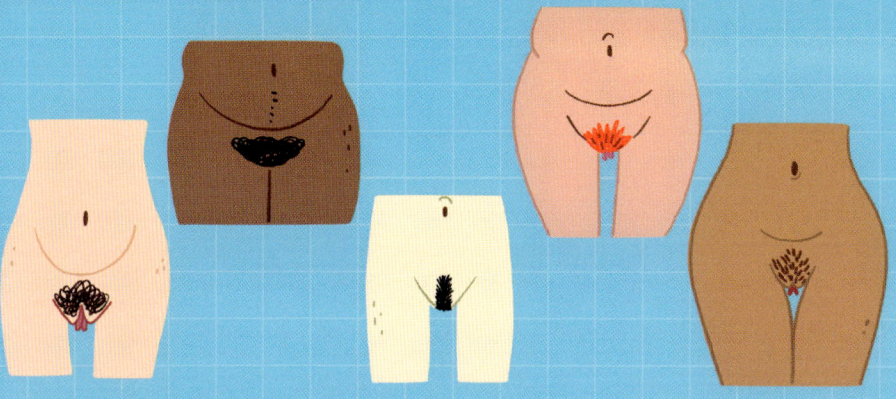

La vulva tiene dos pliegues gruesos de piel, llamados labios mayores, y, más hacia el interior, otros más pequeños, llamados labios menores. Estos últimos son sensibles al tacto, no tienen por qué ser igual de largos que los mayores y a veces sobresalen. Delante, en el punto donde convergen los labios menores, hay un bulto con forma de guisante, la cabeza del llamado clítoris, otra parte tan sensible al tacto como el glande del pene.

Los labios también aumentan de volumen y el clítoris se puede endurecer, de manera similar a la erección de un pene. Esto pasa a menudo durante la masturbación, que puede provocar que salga un líquido viscoso por la vagina y que se produzca un orgasmo.

La vagina es un conducto que hay dentro del cuerpo. El orificio vaginal es elástico y suele estar cubierto de una membrana de piel muy fina, el himen, que va desgastándose con el tiempo. Esta parte del cuerpo se limpia sola con el flujo vaginal que segrega.

EL CICLO MENSTRUAL

Uno de los cambios más importantes de la pubertad que solo afecta al sexo femenino es la regla, que es cuando durante unos días se expulsa sangre y otros tejidos por la vagina. Esto sucede más o menos una vez al mes.

Estos son los órganos responsables del ciclo menstrual:

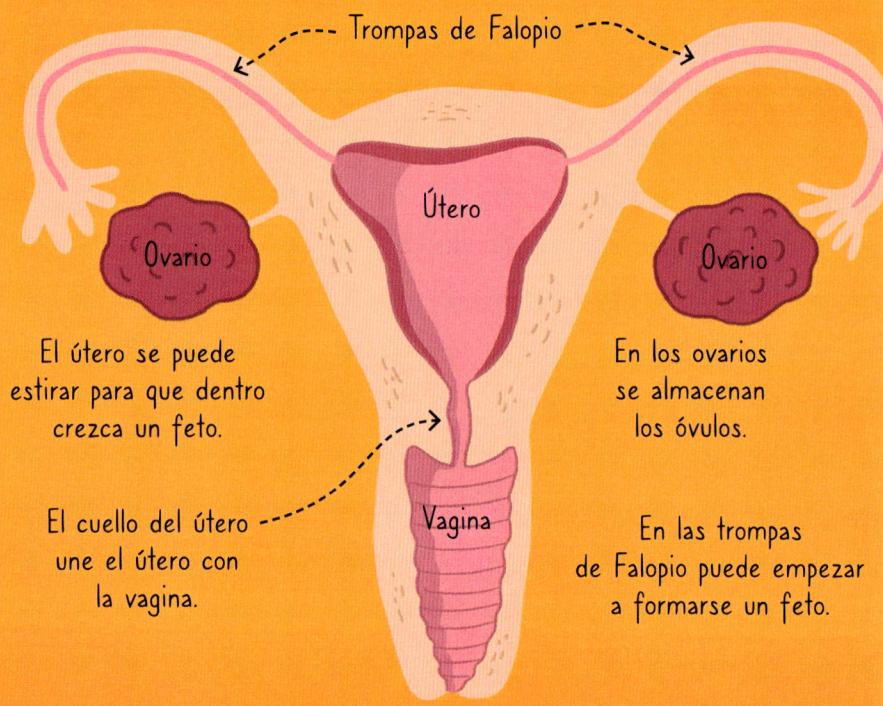

Trompas de Falopio

Útero

Ovario

Ovario

El útero se puede estirar para que dentro crezca un feto.

En los ovarios se almacenan los óvulos.

El cuello del útero une el útero con la vagina.

Vagina

En las trompas de Falopio puede empezar a formarse un feto.

Desde la pubertad, las hormonas ordenan a los ovarios que expulsen un óvulo una vez al mes aproximadamente. Al cabo de unas semanas, el óvulo sale de la vagina con un poco de tejido del útero y algo de sangre. Esto es lo que llamamos menstruación o regla.

¿QUÉ ES LA REGLA?

Hay reglas ligeras, cuando se sangra poco, o abundantes, cuando se sangra mucho. De media se expulsan seis cucharadas de sangre. La mayoría de las chicas usa compresas, tampones u otros productos higiénicos para absorber la sangre. Estos son los más comunes...

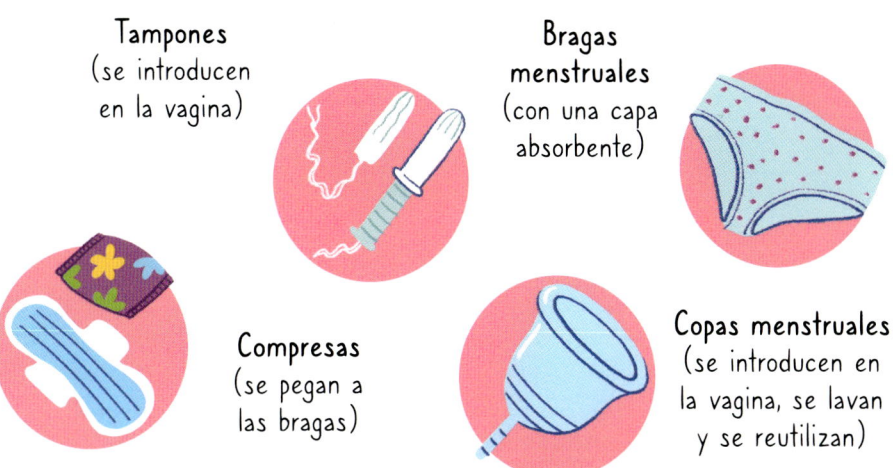

Tampones
(se introducen en la vagina)

Bragas menstruales
(con una capa absorbente)

Compresas
(se pegan a las bragas)

Copas menstruales
(se introducen en la vagina, se lavan y se reutilizan)

La regla no consiste solo en sangrar unos días. En el útero se producen contracciones dolorosas, a veces tan intensas que hay que tumbarse, ponerse una bolsa de agua caliente sobre el vientre o tomar analgésicos para las molestias.

Durante la semana anterior a la regla, las chicas pueden sufrir de síndrome premenstrual (cansancio, irritación, enfado, dolor de cabeza, ansiedad o tristeza), a causa de las hormonas.

Cada cual vive la regla a su manera. Hay quien la encuentra muy pesada y dolorosa y quien no le presta mucha atención o que se siente con más energía cuando se acaba. En cualquier caso, a nadie le resulta agradable que le señalen que tiene la regla, de modo que no lo hagas nunca.

LAS MAMAS

¿Sabías que a alrededor de la mitad de los chicos se les desarrollan un poco las mamas? Por lo general, solo aumentan un poco de tamaño, y al cabo del tiempo pierden ese volumen.

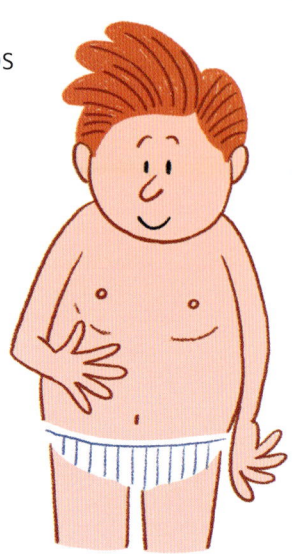

En el caso de las chicas, casi todas desarrollan mamas, o pechos; a algunas les duelen o pican mientras crecen. Es posible que una crezca más rápido que la otra, pero suelen igualarse más o menos con el tiempo, y siguen cambiando de forma con los años.

Hay mamas y pezones de muchas formas y tamaños, y todos son normales.

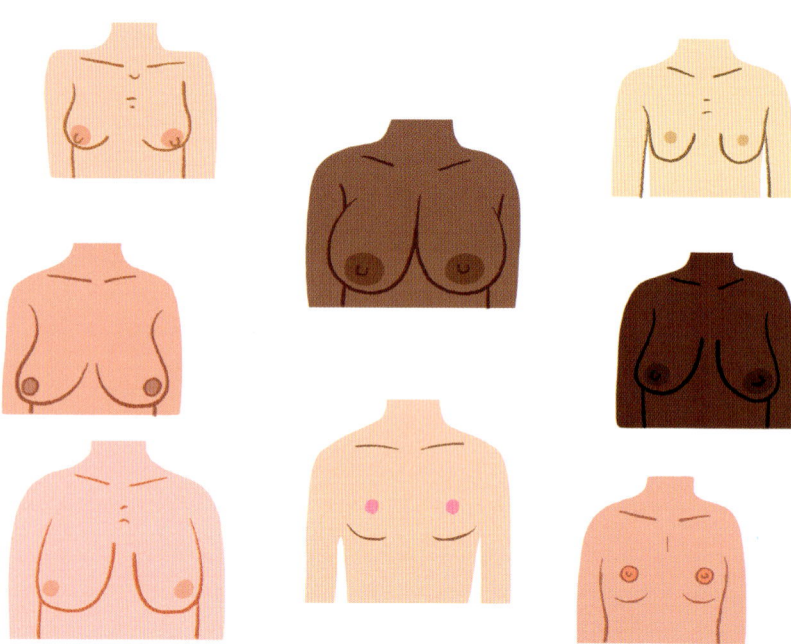

¡LA LECHE!

Las mamas producen leche, pero solo después de dar a luz. Sale por unos conductos que hay en los pezones, tan diminutos que ni se ven.

Para proteger las partes que producen la leche, las mamas se componen sobre todo de grasa.

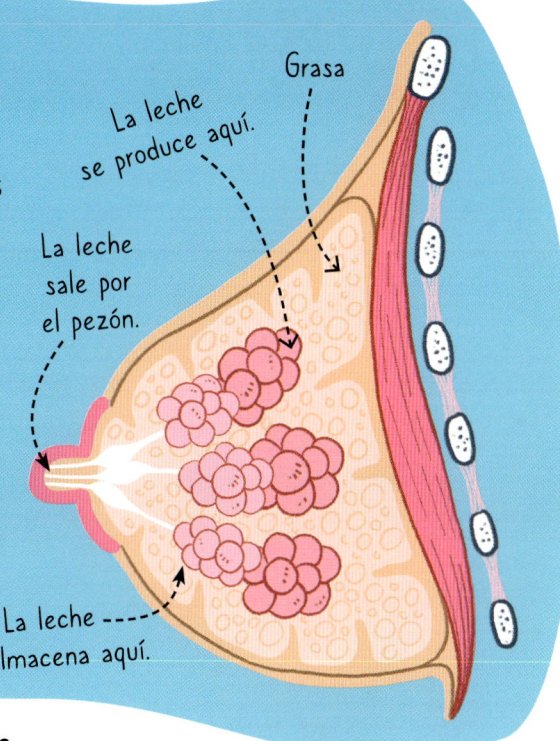

Grasa

La leche se produce aquí.

La leche sale por el pezón.

La leche se almacena aquí.

LOS SUJETADORES

Hay gente que se pone sujetador para sostenerse los pechos. Existen sujetadores para todos los tamaños de pecho y los hay de estilos muy variados.

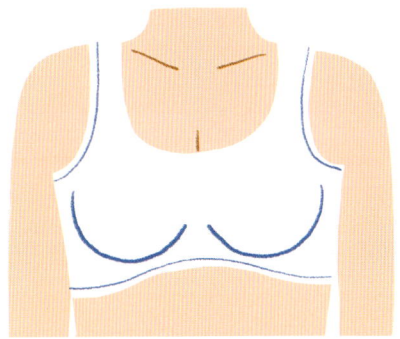

Los sujetadores deportivos sostienen bien los pechos durante el ejercicio.

Los sujetadores sin bordados ni costuras son muy cómodos y parecen invisibles bajo la camiseta.

ME GUSTAS

Puede que sucedan otros cambios a medida que te haces mayor. Por ejemplo, es posible que te empiece a gustar alguien, que te apetezca estar a su lado y que quieras gustarle también.

Es perfectamente normal que te emociones o sientas nervios cuando esa persona esté cerca. Estos enamoramientos son parte de lo que llamamos sexualidad, aunque no siempre tienen que ver con el sexo. Hay personas que definen su sexualidad según quién les atrae sexualmente.

BISEXUALES (Bi)
Les atraen personas de más de un género.

HETEROSEXUALES
Chicas que se sienten atraídas por chicos, y chicos que se sienten atraídos por chicas.

PANSEXUALES
Les atraen otras personas, independientemente de cuál sea su género, sexo o sexualidad.

HOMOSEXUALES
Les atraen personas de su mismo sexo o género. Las chicas también se llaman lesbianas, y los chicos, gays.

CURIOSAS O DUDOSAS
Personas que tienen dudas sobre su orientación sexual o que sienten curiosidad por explorar otras sexualidades.

ASEXUALES
No les atrae sexualmente nadie, aunque puede que les atraigan románticamente otras personas.

SALIR DEL ARMARIO

La gente a menudo da por hecho que todo el mundo es heterosexual a menos que diga lo contrario. Las personas que no son heterosexuales no tienen por qué anunciar su orientación sexual, o "salir del armario". Cada cual decide con quién quiere compartir esta información.

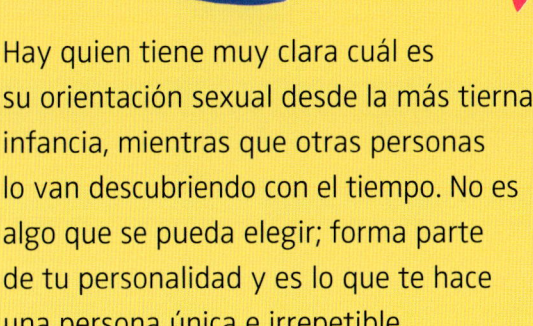

Hay quien tiene muy clara cuál es su orientación sexual desde la más tierna infancia, mientras que otras personas lo van descubriendo con el tiempo. No es algo que se pueda elegir; forma parte de tu personalidad y es lo que te hace una persona única e irrepetible.

A medida que te vas haciendo mayor, es normal que quieras saber más sobre tu sexualidad y que fantasees con tocar los genitales de otras personas. Antes de explorar estos sentimientos y deseos con otra persona, debes pedirle su consentimiento. Esto se trata en las páginas siguientes.

MI CUERPO ES MÍO

Tu cuerpo te pertenece, por tanto nadie tiene derecho a decidir qué haces con él. Antes de que alguien te toque, debe pedirte permiso, o consentimiento.

Cada persona se siente cómoda con unas cosas y no con otras, por eso es muy importante que respetemos siempre los límites de cada cual. Antes de acercarte mucho a otra persona, pídele permiso. Aquí tienes algunos ejemplos:

EL DERECHO A DECIR NO

Siempre que alguien te pida algo, puedes responder con un sí
o con un no, y también puedes cambiar de opinión sin dar
explicaciones. No es no. Está mal que alguien te presione para
que digas que sí o que te haga sentir mal por decir que no.

Si cambias de opinión,
debe respetar tu decisión.
Si te asusta o te preocupa
algo, dile a esa persona que
pare, vete y cuéntaselo
a una persona adulta
de confianza. Nadie,
ni grande ni pequeño,
tiene derecho alguno
a hacerte sentir mal
en tu propio cuerpo.

¡Qué mayor estás!
¡Dame un beso!

Prefiero saludar
con la mano.

Vale, yo
también.

EL SEXO
CONSENSUADO

A veces, dos personas se tocan mutuamente los genitales.
Esta es una manera diferente, más adulta, de contacto físico.
Igualmente, las dos personas deben dar antes su consentimiento.
La ley prohíbe tocar los genitales, el pecho o el trasero
de otra persona sin su permiso, así como forzar
a una persona a tocar los genitales
de otra. Si esto te sucediera,
no debes culparte. Cuéntaselo
a una persona adulta.

¿Qué es
el sexo?

Pasa la página si sientes curiosidad
por este tipo de contacto físico más adulto.

PERO... ¿QUÉ ES EL SEXO?

El sexo, que también recibe el nombre de relaciones sexuales, es un tipo de actividad durante la cual personas adultas de cualquier género interactúan con sus genitales de un modo que puede llevar a un orgasmo. Hay quien mantiene relaciones sexuales para mostrarse amor y afecto, y quien lo hace por placer.

EL SEXO REPRODUCTIVO

Dos personas también pueden mantener relaciones sexuales porque quieren tener un bebé. Este tipo de sexo implica que un pene se introduce en una vagina. En primer lugar, dos personas se besan y se acarician; de este modo sus cuerpos se estimulan en preparacíon para la penetración. El pene se pone erecto y la vagina se engrosa un poquito y segrega un líquido lubricante que facilita que el pene entre. La pareja se mueve de manera que la vulva y la vagina se froten con el pene. Llegado un momento, el pene eyacula semen, donde hay millones de espermatozoides, que son unas células diminutas que ascienden por la vagina. Si se encuentran con un óvulo en una de las trompas de Falopio, uno de los espermatozoides podría unírsele y empezar a formar el feto, que luego crecería en el útero de la madre.

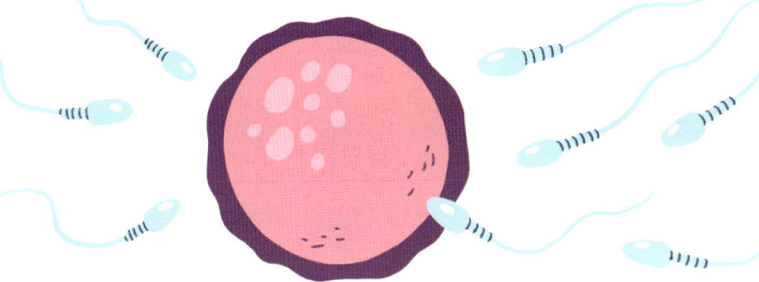

POR PLACER, TAMBIÉN

La idea de jugar con los genitales de otra persona puede parecerte extraña, pero a muchos adultos les gusta. Uno de los grandes cambios que se experimentan durante la pubertad es que empiece a apetecerte también. En las relaciones entre adultos es habitual. En la mayoría de los países, la ley prohíbe las relaciones sexuales con menores de 16 años (edad de consentimiento sexual).

SEXO SEGURO

El sexo tiene sus riesgos, como que una chica se quede embarazada sin querer o se contagien o transmitan enfermedades. Para practicar el tipo de sexo que puede llevar a un embarazo y evitarlo, se debe utilizar un método anticonceptivo. Si además se quiere evitar el contagio o la transmisión de enfermedades, se debe usar un profiláctico (un condón o preservativo).

Los hay de dos clases, el más común se pone en el pene. El otro tipo se coloca dentro de la vagina. Ambos atrapan el semen en la punta y así evitan que llegue a un óvulo.

Este tipo de condón se desenrolla sobre el pene erecto.

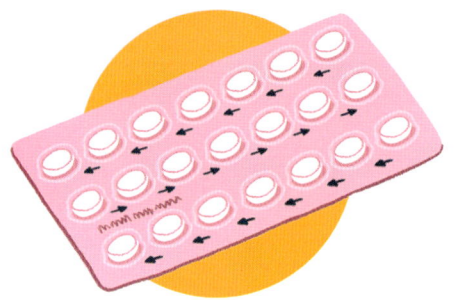

La píldora anticonceptiva

La píldora anticonceptiva es otro método para evitar embarazos. La tiene que recetar un médico o médica. Se toma una vez al día para que los ovarios no expulsen óvulos. En ocasiones, la píldora se receta para el tratamiento del acné o de reglas muy abundantes.

Existen otros métodos anticonceptivos, pero ninguno garantiza por completo que no se vaya a producir un embarazo.

CREENCIAS ERRÓNEAS SOBRE EL SEXO

A medida que te hagas mayor, oirás a más gente hablar de sexo, y es muy probable que algunas de las cosas que cuenten no sean ciertas, sobre todo en lo que atañe al sexo seguro. Digan lo que digan, una chica puede quedarse embarazada...

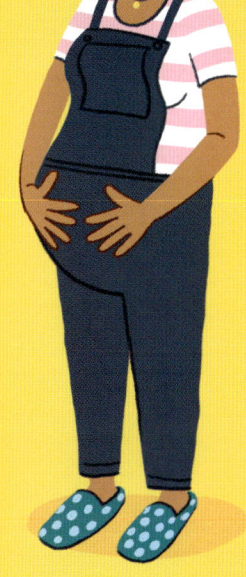

aunque sea la primera vez que tenga relaciones sexuales.

aunque el pene salga de la vagina antes de eyacular (marcha atrás).

aunque lo hagáis de pie.

aunque el pene no entre del todo en la vagina.

La única forma de practicar sexo seguro es con condón.

LAS INFECCIONES Y CÓMO EVITARLAS

Hay enfermedades que se contagian durante las relaciones sexuales; son las llamadas infecciones de transmisión sexual. Los preservativos o condones son el único método profiláctico (y anticonceptivo) que sirve para prevenir las infecciones de transmisión sexual, ya que actúan como barrera al impedir el contacto entre fluidos durante las relaciones sexuales.

EL SEXO EN INTERNET

En algún momento, es posible que veas vídeos o fotos que representan escenas sexuales. Se trata de pornografía, o porno, un tipo de contenido de entretenimiento y ocio creado SOLAMENTE para personas adultas. Mucha gente joven se ve expuesta al porno en internet antes de contar con la suficiente madurez para entenderlo.

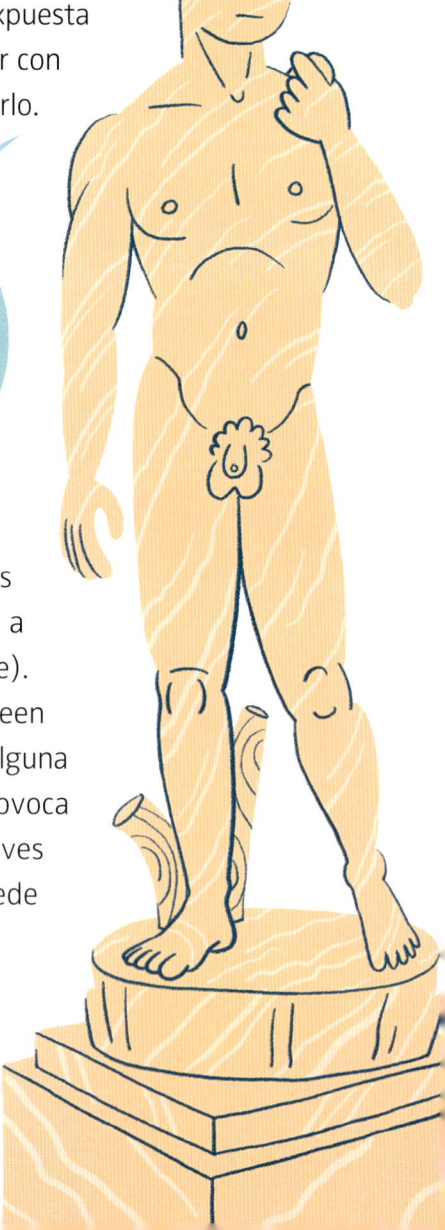

No todas las fotos de desnudos que hay en internet son pornográficas; pueden ser dibujos científicos, cuadros o estatuas clásicas como yo.

En la mayoría de los países hay leyes que prohíben el consumo de porno a menores de 18 años (normalmente). Es posible colocar filtros que bloqueen estas páginas de internet, aunque alguna se puede colar. El porno a veces provoca incomodidad, disgusto o miedo. Si ves algo que te resulta abrumador, puede que hablarlo con una persona adulta de confianza te ayude a sentirte mejor.

NO TE CREAS TODO LO QUE VES

La mayoría de la pornografía no representa a personas normales ni las relaciones sexuales que suelen tener. Los actores de porno son solo eso, actores, y no están teniendo relaciones sexuales, sino fingiendo tenerlas. Se trata simplemente de una actuación y hacen todo de forma que la cámara pueda grabarlo siguiendo un guión. El porno no tiene nada que ver con el sexo de verdad, por lo que no es un modelo que se deba imitar.

Ver porno no significa que seas raro ni mala persona. Es normal sentir curiosidad, pero también es perfectamente normal que no lo hayas visto nunca o que no quieras verlo. Si algún amigo te enseña porno, es normal sentir vergüenza o no saber cómo reaccionar. Lo mejor es que le pidas que lo apague porque te incomoda o que te vayas a otro sitio.

ME CUIDO

A menudo, los adultos acusan a los adolescentes de egoísmo
y de que no tienen en cuenta a los demás. En realidad, todos
somos egoístas en alguna ocasión. Lo cierto es que existen
razones de peso por las que deberías pensar en ti mismo
y en tus necesidades, sobre todo durante la pubertad.

Probablemente te venga bien pasar ratos a solas para soltar
tensiones, descansar y apartarte del mundo.

Para muchas personas, estos ratos a solas son suficientes para
gozar de buena salud mental. La salud mental se refiere a cómo
piensa y se siente una persona. Todos nos preocupamos por cosas
o nos ponemos tristes de vez en cuando. Somos seres emocionales
y no podemos estar siempre contentos.

CONSEJOS PARA SOLTAR TENSIÓN

Hay muchas maneras de soltar las tensiones y preocupaciones de la vida cotidiana y relajarse un poco; solamente tienes que aprender a incorporarlas en tu rutina. Por ejemplo...

montar en bici

hacer algo por alguien

escuchar música que te guste

leer

pasar un rato con los amigos

pintar o dibujar

escribir lo que piensas o cómo te sientes

darte un baño o una ducha

PIDE AYUDA

Si te sientes sobrepasado o te cuesta mucho relajarte, es muy importante que lo hables con alguien: puede ser con tu padre, tu madre, un amigo o algún profesor. Si tu nivel de agobio es tal que está afectando tu vida, sería conveniente que fueras al médico y le contaras cómo te sientes.

COMBUSTIBLE PARA EL CUERPO

Con una dieta equilibrada recibirás todos los nutrientes que necesitas para estar sano y tener energía para sobrellevar los altibajos propios de la pubertad. Come una combinación de los siguientes alimentos:

Hidratos de carbono
Procuran energía duradera.

Fruta y verdura
Aportan vitaminas, minerales y fibra para protegerte de enfermedades y facilitar el funcionamiento del sistema digestivo.

Proteínas
Ayudan al cuerpo a crecer y repararse.

Grasas
Mantienen la piel, el pelo y los intestinos sanos.

El queso además contiene calcio, que fortalece huesos y dientes.

Agua
Hidrata el cuerpo para su correcto funcionamiento.

¿Y QUÉ HAY DE LAS CANTIDADES?

Durante la pubertad, necesitas la misma cantidad de comida que una persona adulta, porque estás creciendo muy rápido. Come cuando tengas hambre y recuerda que, si engordas algo, estás almacenando energía para los cambios que se avecinan.

EL DESAYUNO

Procura no saltarte el desayuno. El cuerpo también consume energía mientras duermes, así que tienes que reponerla por la mañana. Con un buen desayuno te sentirás mucho más despierto, aumentará tu concentración y funcionarás mejor en todos los sentidos.

LA HIGIENE DENTAL

La mayoría de los dientes adultos salen antes de los 13 años y debes conservarlos durante toda la vida. Si quieres tener dientes y encías sanos, debes cepillarte dos veces al día. Si llevas *brackets*, conviene que uses cepillos interdentales para lavarte muy bien los dientes y llegar a los rincones que no alcanzas con el cepillo.

Sostén el cepillo así para lavarte la parte de atrás de los dientes.

EL EJERCICIO FÍSICO

El ejercicio es muy beneficioso para la salud física y mental, facilita un buen sueño y hace que te sientas con más energía. También es bueno para el corazón y los huesos, algo fundamental en esta etapa en la que experimentas tantos cambios físicos. Hay muchas maneras de hacer ejercicio...

¡Elige la que más te guste!

¿CUÁNTO EJERCICIO?

Intenta hacer ejercicio dos horas
y media a la semana como mínimo.
Si te parece mucho, puedes repartirlo
en sesiones de diez minutos. Caminar
al colegio o al instituto también cuenta
como ejercicio. No hace falta que sea
muy cansado; con que se te acelere
el ritmo cardiaco unos minutos, vale.

¡Kiai!

Cuando haces ejercicio, el cerebro produce
endorfinas, unas hormonas que consiguen
que te sientas más positivo y más seguro
de ti mismo. Además, pueden reducir
el dolor, el estrés y también
la ansiedad. Por esta razón,
la gente suele estar de
buen ánimo después
de hacer ejercicio.

EL DESCANSO Y EL SUEÑO

El cerebro y el resto del cuerpo trabajan a tope durante
la pubertad, por eso es tan importante que descanses bien.
Mientras duermes, el cuerpo se repone de muchas maneras.
A través de los sueños, además, puede que encuentres sentido
a cosas que te han pasado. Debes dormir unas 10 horas diarias,
que es lo que necesitan el cuerpo y la mente en la pubertad.

LA HIGIENE

Tendrás que ducharte y lavarte
más a menudo que cuando eras niño,
ya que vas a sudar bastante más.
Si bien hay glándulas sudoríparas (que
segregan sudor) por todo el cuerpo,
en dos zonas concretas se concentran
más: las axilas y los genitales, por lo
que conviene que te laves a diario
al menos esas dos partes del cuerpo,
aunque sea con una esponja.

Una buena higiene no se limita a meterse en la ducha o la bañera.
También debes prestar atención a la ropa. Todo lo que queda
pegado a la piel, como calzoncillos, calcetines y camisetas, huele
al impregnarse de las bacterias del sudor, así que es aconsejable
lavar estas prendas tras cada uso.

¿Quieres que
te enseñe a poner
la lavadora?

Puede que no te des cuenta
del mal olor que desprende
tu ropa mientras la llevas
puesta, pero es conveniente
que la huelas cuando te
la quites para comprobarlo
y echarla a lavar si hace
falta. Dentro de unos años,
cuando seas independiente,
tendrás que ocuparte de
tu colada, así que puedes
ir aprendiendo ya.

LA HIGIENE ÍNTIMA

Si tienes prepucio, cuando te vayas haciendo mayor deberás empezar a limpiártelo por dentro, además de por fuera.

Espera, sin embargo, hasta el comienzo de la pubertad, ya que antes lo más probable es que el prepucio esté pegado al glande. A medida que te haces adulto, el prepucio se va despegando y llegará un momento en que puedas echártelo por completo para atrás, probablemente antes de cumplir los 18. También puede que no sea posible mientras tienes una erección, lo cual es normal y no afecta el funcionamiento del pene.

Bajo el prepucio se acumula el llamado "esmegma", compuesto de piel muerta y grasas corporales. Quítalo con agua, pero no uses jabón, ya que es probable que te cause picor en el glande, que es muy sensible.

DEL CUELLO PARA ARRIBA

Casi todo el mundo tiene granos en algún momento de su vida, y muchas personas tienen el pelo graso. También es bastante común que estas cosas sean motivo de complejo, sobre todo cuando en las redes sociales hay cientos de fotos de *influencers* con filtros que hacen que parezca que tienen la piel perfecta.

Todos producimos un tipo de grasa natural, el sebo, sin el cual la piel y el pelo se secarían. Sin embargo, los cambios hormonales de la pubertad (sobre todo de testosterona) suelen aumentar su producción y por eso salen granos y el pelo se pone graso.

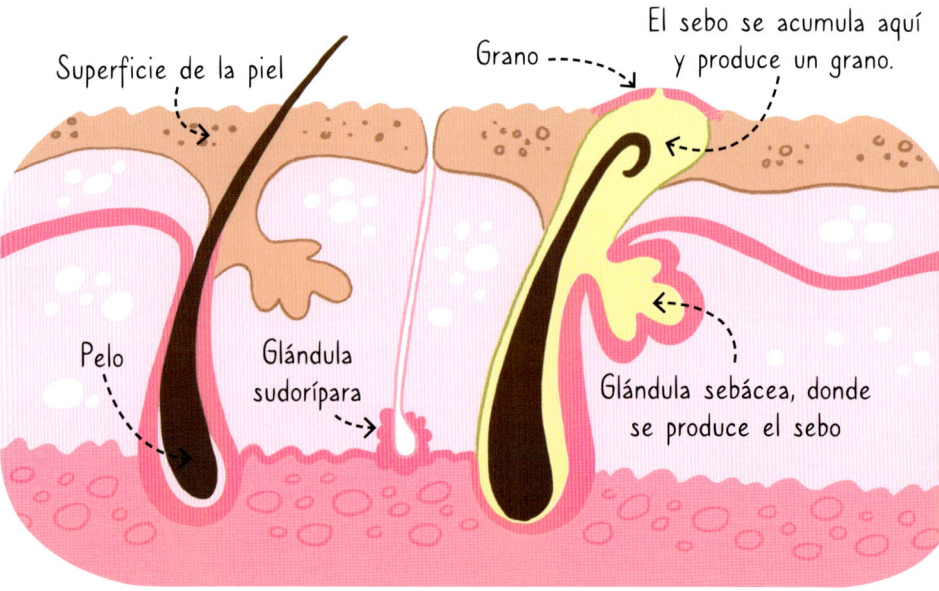

Superficie de la piel

Grano ---->

El sebo se acumula aquí y produce un grano.

Pelo

Glándula sudorípara

Glándula sebácea, donde se produce el sebo

¿QUÉ HAGO CON LOS GRANOS?

Existen multitud de remedios para ayudar con los granos.
Lo mejor es que pruebes por ti mismo cuál te va mejor.

Lávate la cara todos los días
con un jabón suave, sin perfume
o antiséptico, agua templada
y las manos.

Prueba algún tratamiento
que vendan en farmacia.

Si estás en una época de
muchos granos, procura no usar
cosméticos. Si tienes solo uno
o dos granos, puedes usar
un corrector de farmacia
para camuflarlos.

Si te salen granos en
exceso, acude al médico
o farmacéutico para que
te asesoren.

Si te explotas algún grano (sabemos que es difícil resistir
la tentación) conviene que tomes precauciones.

- Lávate las manos antes.
- Usa los dedos, no las uñas.
- Quítate solo puntos negros o granos de sebo; nunca nada irritado.
- Déjalo si no sale nada o si sale sangre o un líquido transparente.
- Ponte luego antiséptico, como aceite del árbol de té.
- Lávate de nuevo las manos.

SOY MÁS INDEPENDIENTE

La pubertad marca también el comienzo de tu andadura hacia la independencia. Cuando seas mayor tomarás más decisiones por tu cuenta y asumirás más responsabilidades. Suena genial, ¿verdad? Y lo es, pero no significa que puedas hacer siempre lo que te apetezca. Es importante que aprendas a ser responsable de tus propios actos y a cuidar de ti mismo.

LA SEGURIDAD EN INTERNET

Seguro que estás harto de que te digan que tengas cuidado en internet, pero tienen razón. Internet es un recurso fantástico que también conlleva grandes riesgos. Mantén la privacidad de tus cuentas con contraseñas seguras y no compartas tu nombre completo, dirección o colegio. Antes de publicar o enviar una foto, recuerda que no sabes dónde va a acabar. Y más importante aún: nunca te mandes mensajes con desconocidos.

LAS DROGAS

Las drogas son sustancias químicas que alteran, por lo general durante un tiempo breve, el funcionamiento del cerebro y el resto del cuerpo. Cuando la gente habla del peligro de las drogas, suele referirse a drogas ilegales, como el éxtasis (pastilla) o la marihuana (hierba que se fuma o se consume en galletas o bizcochos).

Tabaco

Alcohol

Cigarrillos electrónicos (*vaper*)

Óxido nitroso ("gas de la risa")

Sin embargo, hay otras sustancias legales que también son adictivas y peligrosas, como los analgésicos o las bebidas energéticas con mucha cafeína.

La nicotina del tabaco o del *vaper* y el alcohol son drogas adictivas que pueden ser muy perjudiciales para la salud, sobre todo cuando el cuerpo se está desarrollando. Recuerda además que las drogas afectan a cada persona de una manera distinta, por lo que nunca sabes cómo va a reaccionar tu cuerpo.

Hay gente que consume drogas para no sentirse excluida o porque cree que la hace parecer mayor. No te sientas forzado a probarlas por encajar. Tienes derecho a decir no.

¿Quieres probarlo?

No, gracias. ¡Paso!

MI RED DE APOYO

La familia y el grupo de amistades son buenos lugares donde apoyarte en la complicada tarea de hacerte mayor. También es normal que, durante la pubertad, estas relaciones (como todo lo demás) pasen a ser algo diferentes. Durante esta época, por desgracia, hay quien se siente solo y quien aguanta abusones.

EN CASA

Las discusiones con papás y mamás son comunes a esta edad. Si no estás de acuerdo con sus normas, aunque las hayan puesto pensando en tu bienestar, es normal que te enfades. Si consigues expresar cómo te sientes de una manera calmada a la gente más cercana a ti, estarás aprendiendo a poner límites sanos. Por ejemplo...

AMIGOS Y ENEMIGOS

También es normal discutir y hasta pelearte con los amigos. A veces, los cambios hormonales te hacen perder el control y, de pronto, te ves diciendo cosas feas o incluso soltando un mamporro.

Dicho esto, nunca está justificado pegar, y tampoco está bien herir los sentimientos de nadie. Sin embargo, como ni tú ni tus amigos sois perfectos, vais a tener que aprender a perdonaros. Si alguien te hace daño y se arrepiente de corazón, si lo perdonas, superarás el enfado. Y de igual manera, si tú has hecho daño a alguien y te arrepientes, deberás pedirle perdón.

Los amigos de verdad son aquellos capaces de perdonarse incluso cuando saben que la culpa no es de ellos. Recuerda que nadie es perfecto.

MÁS FUERZA Y RESPONSABILIDAD

Al crecer te harás más grande y más fuerte. Correrás más rápido y saltarás más alto que nunca. Aprenderás nuevas palabras y gastarás bromas con los amigos.

Todo esto es muy emocionante, pero ten en cuenta que tus actos tienen consecuencias. Si te gusta jugar a las peleas con tus amigos, o te pones a insultar mientras rapeas, ten cuidado de no pasarte. Sé grande en todos los sentidos y no abuses.

LOS AMIGOS

Es normal que los grupos de amigos también cambien durante la adolescencia, porque la gente madura a ritmos diferentes y poco a poco va desarrollando nuevos gustos. Las amistades de verdad son capaces de apreciarte por ti mismo. No cambies tu forma de ser solo por adaptarte al grupo.

Si crees que los demás te miran o te preocupa qué piensan de ti, eso es algo que le pasa a todo el mundo. Si te sientes inseguro, recuerda que las personas que te rodean quieren que los demás las acepten, lo mismo que te pasa a ti, y que lo más probable es que nadie se esté fijando realmente en tu apariencia.

HÉROES Y REFERENTES

Además de amigos, puede que tengas otros referentes: gente a la que admiras y en la que te fijas. Pueden ser personas que conoces, como tu hermano o hermana mayor, un profesor, un deportista, un actor o un *influencer*. Muchos adolescentes se enamoran u acaban obsesionados con alguien famoso. Fantasear con alguien que no conoces es una forma segura de explorar tus sentimientos, pero recuerda que lo que imaginas de esa persona no tiene nada que ver con cómo es en la realidad.

Que sientas admiración por alguien no significa que tengas que convertirte en esa persona. Por mucho que lo desees, puede que no sea eso lo que acabes haciendo. Una vez pasada la pubertad, igual no reúnes las condiciones para dedicarte al deporte profesional, o no quieres ser un rapero de fama mundial.

HOMBRES DE MENTIRA

En internet se ven vídeos de gente que te dice que "los hombres de verdad" son ricos, conducen deportivos y tienen montones de novias o novios. Todo eso suena mucho más emocionante que estudiar para pasarte el resto de la vida trabajando.

Lo cierto es que en esos vídeos no cuentan toda la verdad... Esa persona, por ejemplo, puede que venga de una familia rica

¡AVISO! ESTE HOMBRE MIENTE.

y que no haya tenido que mover un dedo para ganar dinero. Nada sabemos de la relación que tiene con esas chicas que dice que son sus novias. ¿Son felices o solo lo fingen para la foto? Hay hombres que llegan a cometer toda clase de delitos para hacerse ricos. Si lo que ves te parece sacado de una película, probablemente sea así.

MASCULINIDADES ANTICUADAS

Antiguamente, la sociedad imponía unas ideas muy limitadas sobre cómo debían comportarse los hombres: no podían llorar, ni mostrar sus sentimientos, tenían que ser fuertes y groseros y dar órdenes constantemente a todo el mundo.

Estos son estereotipos de género anticuados. Los hombres, como todas las demás personas, pueden y deben llorar y mostrar toda la gama de emociones. Eres libre de ser como quieras, siempre que no hagas daño a nadie. No serás menos hombre; serás más feliz.

Tranquilo

Buena gente

FUERTE

Listo

Cachas

Gracioso

Alguien que
se atreve a probar
cosas nuevas

Dócil

Guapo

Callado   Atrevido

Fiel a mis amigos

Obediente

Sin miedo a
pedir ayuda

Rebelde :)

¿QUÉ CLASE DE PERSONA QUIERO SER?

Alguien que
se hace notar

Alguien capaz de
ver otros puntos
de vista

Independiente

Resuelto

Considerado

Generoso

Sufrido, que
no se queja

DURO DE ROER

Enérgico

Estiloso

Alguien que protesta
cuando algo
no le gusta

Sincero

Reflexivo

DE MAYOR SERÉ... ¡YO!

Lleva tiempo descubrir quién eres, y no es algo que termine con la pubertad. Tu identidad personal se irá transformando a lo largo de los años, así que no te preocupes, no hay por qué tener todo calculado.

Experimenta con ropa diferente, escucha música de varios estilos, haz cosas nuevas y conoce a mucha gente.

Habrá momentos en que te gustaría encajar con algún grupo,
pero que no te sea fácil. Otras veces te alegrarás
de ser diferente, aunque sea duro. También
habrá muchas ocasiones en que todo
irá bien y serás feliz.

Todo esto es normal. Ahora que ya sabes los cambios por los que
vas a pasar, ¡cierra este libro y sal a disfrutar a tope de tu vida!

GLOSARIO

Las palabras en *cursiva* cuentan con su propia definición.

Anticonceptivo Que impide el *embarazo* durante el *sexo*.

Clítoris *Órgano sexual* femenino normalmente sensible al tacto.
La cabeza se ve en el punto de unión de los labios menores de la *vulva*.

Condón o **preservativo** Método *anticonceptivo* con el que se cubre el *pene*
o el interior de la *vagina* para recoger el *semen*. También sirve para evitar
el contagio de infecciones de transmisión sexual.

Consentimiento Permiso que una persona otorga a otra para que la toque.

Droga Sustancia a menudo adictiva y peligrosa, en pastilla, polvo, líquido
o gas, que altera temporalmente el funcionamiento del cuerpo y la mente.

Embarazo Cuando un *espermatozoide* fertiliza un *óvulo* y un feto
empieza a formarse en el *útero*.

Erección Rigidez del *pene* que se produce por un mayor riego de sangre
a la zona. El *clítoris* también es un órgano eréctil.

Espermatozoide Célula que se encuentra en grandes cantidades en
el *semen* y que puede dar lugar a un *embarazo* si se une a un *óvulo*.

Estereotipo de género Idea errónea de que una persona debe portarse
o tener una apariencia determinada por razón de su *género* o *sexo*.

Eyaculación Cuando el *semen* sale del *pene*.

Flujo vaginal Líquido viscoso blanquecino que mantiene limpia la *vagina*.

Género Identidad de una persona, como chica, chico o persona no binaria.

Genitales *Órganos sexuales* externos, situados en la entrepierna.

Hormona Mensajera que viaja por la sangre e indica al cuerpo que haga
algo, como que empiece a desarrollarse.

Intersexual Persona nacida con una mezcla de *hormonas* y *órganos
sexuales* femeninos y masculinos.

Masturbación Estimulación de los *genitales* mediante tocamientos
o caricias de modo que puede llegar a producirse un *orgasmo*.

Órgano sexual Parte del cuerpo relacionada con el *sexo* y la reproducción.

Orgasmo Sensación repentina muy placentera que se puede experimentar
al estimular los *genitales* y que suele durar unos segundos.

Ovario Cada una de las dos glándulas sexuales femeninas donde se forman, desarrollan y almacenan los *óvulos*, y se producen algunas *hormonas*.

Óvulo Célula producida cada mes en los *ovarios* que sale por la *vagina* durante la *regla*, a menos que se una a un *espermatozoide* y se empiece a desarrollar un feto.

Pene *Órgano* s*exual* masculino que cuelga entre las piernas.

Píldora anticonceptiva Método *anticonceptivo* en forma de píldora que impide que los *ovarios* expulsen *óvulos*.

Polución nocturna *Eyaculación* mientras duermes.

Pornografía Vídeos o fotos para adultos donde se representan escenas de personas practicando *sexo* o mostrando sus *genitales*.

Producto higiénico para la menstruación Producto que absorbe el flujo menstrual, como compresas, tampones, copas o bragas menstruales.

Pubertad Fase vital en la que el cuerpo empieza a producir *hormonas* que provocan cambios para el paso de la infancia a la edad adulta.

Regla o menstruación Flujo que sale por la *vagina* durante unos días todos los meses, compuesto de un *óvulo* no fecundado, la capa mucosa que recubre el interior del *útero* y algo de sangre.

Semen Líquido viscoso blanquecino que contiene *espermatozoides* y que sale del *pene* durante la *eyaculación*.

Sexo Esta palabra tiene dos posibles significados:

1. Describe a una persona en función de los *órganos sexuales* con los que nació; normalmente femenino, masculino o intersexual.

2. Encuentro entre dos personas que se tocan o acarician los *genitales* de modo que pueden tener un *orgasmo*.

Sexualidad Describe a una persona en función de la gente que le atrae.

Síndrome premenstrual Sensación de malestar físico, tristeza, irritabilidad o ansiedad que puede ocurrir los días previos a la *regla*.

Testículo Cada una de las dos glándulas sexuales masculinas, donde se forman los *espermatozoides*.

Útero *Órgano sexual* femenino donde se desarrollan los fetos.

Vagina Conducto por donde salen el *flujo vaginal* y la *regla*.

Vulva *Órgano sexual* femenino visible, situado entre las piernas.

ÍNDICE

AGRADECIMIENTOS

REDACCIÓN: Jane Chisholm

DISEÑO DE LA CUBIERTA: Anna Gould

DIRECTORA DE DISEÑO: Zoe Wray

ASESORAMIENTO EXPERTO:

Dra. Anna Forringer-Beal, Universidad de Cambridge

Dra. Caitríona Cox, Hospital de Addenbrooke

Laura Clarke, educadora sexual

CON LA COLABORACIÓN DE:

Alice James, Darran Stobbart, Micaela Tapsell, Amy Chiu,
Ashe de Sousa, Stefanie Felsberger...

y muchas más personas que han leído el libro
y han contribuido con sus sugerencias a que sea
más inclusivo, informativo y divertido

© 2025 Usborne Publishing Limited, 83-85 Saffron Hill, Londres EC1N 8RT, Reino Unido
© 2026 Usborne Publishing Limited en español para todo el mundo. El nombre Usborne y el logotipo
del globo son marcas registradas de Usborne Publishing Limited. Todos los derechos reservados.
No se permite la reproducción total o parcial de este libro, su uso para el entrenamiento
de tecnologías o sistemas de inteligencia artificial (incluida la minería de textos o datos),
ni su incorporación a sistemas informáticos, sin el permiso previo del editor.